Genealogie van het geslacht Raucamp

Bas Roeling

Genealogie van het geslacht Raucamp

Genealogisch & Heraldisch Bureau S. Roeling

Tekst in deze uitgave: © Jkr. Dr. Sebastiaan Eduard Markus Roeling 2022

ISBN: 978-1-716-05448-8

NUR 680, Geschiedenis algemeen

Eerste druk, januari 2022 Bergschenhoek

Genealogisch & Heraldisch Bureau S. Roeling

Inhoud

Inleiding en ontstaan van de geslachtsnaam

De aanleiding voor het samenstellen van de genealogie van het geslacht Raucamp is mijn verwantschap met deze familie via Elsje Raucamp. Elsje huwde op 27-03-1902 te kampen met Gerrit Kuiper. Samen kregen zij zeven kinderen, waaronder mijn grootmoeder Johanna Kuiper.

Uit notariele akten, kerkboeken en de burgerlijke stand valt op te maken dat de familie Raucamp niet erg honkvast was en op veel verschillende plaatsen woonachtig is geweest, zoals Amsterdam, Remagen, Utrecht, Nijmegen, Kampen en Rotterdam. De naam Raucamp geeft niet veel meer aanwijzingen waar de oorsporng van de familie precies ligt. Veel geslachtsnamen zijn van toponiemen (aardrijkskundige namen) afgeleid. Het mag duidelijk zijn dat de geslachtsnaam Raucamp daar één van is en geeft aan dat de familie woonachtig was bij een kamp, oftewel een omheind stuk land, (omzoomd) met eiken. Dit is dan een zogenaamde herkomstnaam. Maar waar dit omheind stuk land gelegen heeft zal wellicht altijd een raadsel blijven.

Genealogie van het geslacht Raucamp

1.1 **Ds. Johan Christiaen (Jean) Raucamp**, geboren in circa 1740. Mogelijk gehuwd met **Anna Agnes Schmitz**. Dochter van **Johan Adam Schmitz**.

In diverse kwartierstaten wordt deze Johan Christiaen wel opgevoerd als stamvader van het in dit boek beschreven geslacht Raucamp. Als we het huwelijk van zijn zoon in 1794 nemen als uitgangspunt is het aannemelijk dat Johan is geboren omstreeks 1740. Zijn zoon werd geboren te Remagen in het Gulikerland (Land van Gulik), een Duitse grensregio gelegen tussen de rivieren Maas en Rijn. Het is daarom aannemelijk dat Johan Christiaen hier zelf ook woonachtig was.
De eerste twee kinderen van zijn zoon waren dochters. De tweede dochter werd vernoemd naar de moeder van zijn echtgenote, namelijk Arnolda. Dat kan erop wijzen dat hun eerste dochter, Anna Agnes, werd vernoemd naar de moeder van Johan Christiaan Jr.

In de archieven vinden wij een Catherine Elise Raucamp, geboren in circa 1765 te Remagen die overleed op 04-03-1809 te Urmond. Haar ouders waren Jean Raucamp en Agnes Schmitz uit Remagen. Het is goed mogelijk dat Jean, de ons bekende Johan is en dat Agnes Schmitz dus de moeder van Johan Christiaan Jr. is. Gezien het feit dat het Rijnland in die tijd door de Fransen werd bezet is het ook niet vreemd dat Johan als Jean werd geregistreerd.

Het lijkt er echter op dat Johan Raucamp afkomstig was uit het Hollandse Amsterdam. In Amsterdam vinden we namelijk een kwitantie in een notariële akte uit 15-11-1759 van notaris Salomon Dorper waarin Ds. Johan Raucamp, predikant van de gereformeerde kerk te Remagen, wordt genoemd, samen met zijn echtgenoot Anna Agnes Schmitz. In het testament uit 1758 van de Amsterdamse Gerhard Schmitz, de oom van Anna, wordt Johannes Raucamp ook vermeld.

Het is dus aannemelijk dat deze Johan Raucamp en Anna Agnes Schmitz de ouders zijn van Johan Christiaan en zij vanuit Amsterdam naar Remagen zijn verhuisd vanwege het ambt van Johan en dat daar hun kinderen zijn geboren.

In Amsterdam vinden we meer personen met de naam Raucamp. Onder andere een Jacob Raucamp in 1755. Het is onduidelijk was zijn relatie is tot de familie Raucamp in dit boek, maar de naam Jacob vinden we vaker terug in de genealogie.

In het familienbucher van Remagen vinden we een Johann Raucamp, overleden in 1778 te Remagen, mogelijk de hier beschreven Johan.

Uit dit huwelijk:

1. **Catherine Elise Raucamp**, geboren in 1764 te Remagen (vermeld als Katharina Elisabeth), overleden op 04-03-1809 te Urmond.
2. **Johan Christiaan Raucamp** (zie: 2.1).

Een foto van Remagen vóór 1930. Uit: 2000 Jahre Remagen: Bausteine zur Geschichte der "Römerstadt" door Kurt Kleemann.

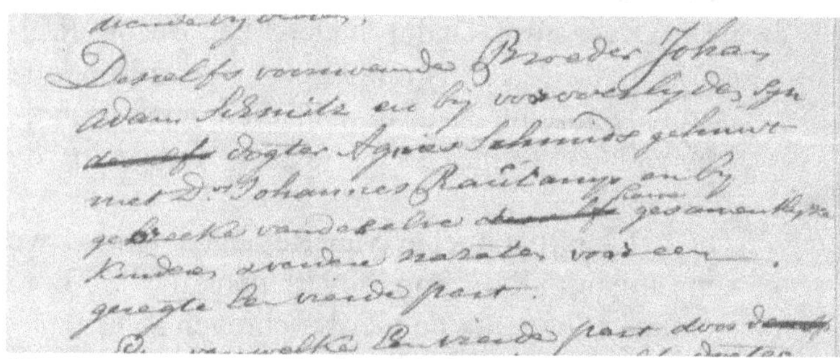

Het testament van Gerhard Schmitz uit 1758.

Notariële akte van 15 november 1759 te Amsterdam.

2.1   **Ds. Johan Christiaan (Christian) Raucamp**, geboren omstreeks 1771 te Remagen, Gulikerland, overleden op 27-01-1817 te Eersel. Zoon van Johan Christiaen (Jean) Raucamp en Agnes Schmitz (zie: 1.1). Gereformeerd gehuwd op 06-07-1794 te Geldrop (ondertrouw op 21-06-1794) met **Urselina Phillipina Slingsbie**, geboren in circa 1772, overleden op 17-02-1823 te Eersel. Dochter van **ds. Johan Jacob Slingsbie**, predikant te Geldrop en Riel, en **Arnolda Sluijter**.

In het familienbucher van Remagen vinden we een Johan Christian die geboren werd in 1771. Het is aannemelijk dat het hier onze Johan Christian betreft aangezien zijn vader op dat moment predikant was van de gereformeerde kerk te Remagen.

   Evenals zijn vader werd Johan Christiaan predikant. We weten dat Johan Christiaan op 13 december 1795 te Someren als predikant bevestigd werd en dat hij daarvoor in Leende als predikant had gestaan. Het archief van de Nederlands Hervormde Gemeente Sint Michielsgestel vermeld: "18 Juni Jean Bonnet met attestatie van Eersel in dato 13 Mei 1813 getekend J.C. Raucamp V.D.M. [verbi divini minister, oftewel: dienaar van het Goddelijke Woord]".

   Zijn dochter werd bij haar overlijden vermeld als rentenierster. Ook zijn andere dochters zijn in goede families gehuwd. Het mag dus worden aangenomen dat het gezin Raucamp – Slingsbie vermogend was.

Uit dit huwelijk:

1. **Anna Agnes Raucamp**, Nederduits gereformeerd gedoopt op 12-07-1795 te Leende (getuige: Johannes van Hoven en Johanna Slingsbie), overleden op 19-07-1801 te Someren;
2. **Arnolda Raucamp**, geboren omstreeks augustus 1796 te Someren, overleden op 28-04-1801 te Someren (aan de gevolgen van een 'borstziekte');
3. **Jacoba Louisa Raucamp** (zie: 3.1);
4. **Anna Arnolda Raucamp** (zie: 3.2);
5. **Johanna Christina Raucamp**, rentenierster, Nederduits gereformeerd gedoopt op 26-02-1804 te Eersel, overleden op 20-02-1853 te Bladel en Netersel, aangegeven door haar neef Jacobus Antoon Louis Hanewinckel;
6. **Johan Jacob Raucamp** (zie: 3.3).

Trouwboek van Geldrop uit 1794 met vermelding van het huwelijk Raucamp – Slingsbie.

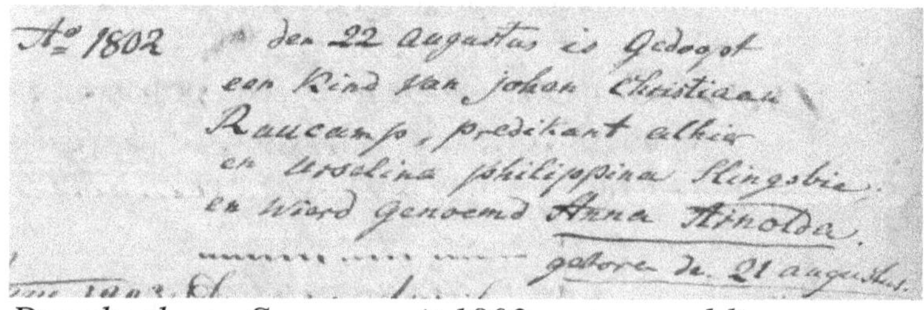

Doopboek van Someren uit 1802 met vermelding van Anna Arnolda Raucamp.

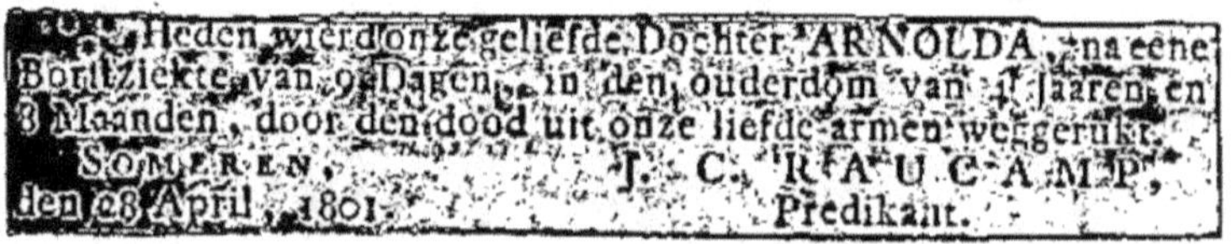

Overlijdensbericht van Arnolda Raucamp uit 1801.

*** Thans vlieten onze Ouderlyke traanen ook, op het Lyk van onze oudfte Dochter ANNA AGNES, die de Dood ons heden in den ouderdom van 6 Jaaren en 9 Dagen ontrukte.

SOMEREN,   J. C. RAUCAMP, Predikant.
den 19 July,   U. P. RAUCAMP,
1801.   Geb. SLINGSBIE.

Overlijdensbericht van Anna Agnes Raucamp uit 1801, slechts enkele maanden na het overlijden van haar jongere zusje Arnolda.

Overlijdensbericht van Johan Christiaan Raucamp uit 1817.

Het Jaar een duizend acht honderd drie-en-twintig, den *achttienden* der maand *februarij*, om *twee* ure des *namiddags* verscheen voor ons Schout, Beambte van den burgerlijken stand der gemeente *Eckel* provincie Noord-Braband, *Petrus Huijbregts* van beroep *bouwman* oud *vijf en vijftig* jaren, *buurman* van de overledene -, en *Henricus Jacobus Sprengers* van beroep *rosslager* oud *heertig* jaren, *buurman* van de overledene -, beide wonende binnen deze gemeente, dewelke ons verklaerd hebben dat — *Urselina Philippina Slingsbie Partijculiere oud vijf en vijftig jaren, geboren te Geldrop Provincie Noord-Braband wonende te Eckel, weduwe van Johan Christiaan Thuicamp, dochter van wijlen Johan Jacob Slingsbie en van wijlen Arnolda Sluiter* is overleden binnen deze gemeente *den zeventienden dezer maand te vier ure des morgens.* Nadat van deze akte is voorlezing gedaan aan de comparanten, hebben dezelve *met ons geteekend* —

P. Huijbregts
H. J. Sprengers

De Schout, Beambte van den burgerlijken stand,

Overlijdensakte van Urselina Phillipina Slingsbie Slingsbie uit 1823.

No.

In het Jaar een duizend acht honderd drie-en-vijftig, den _____ dag der maand _____, zijn voor ons Ambtenaar van den Burgerlijken Stand, der gemeente _____ provincie Noordbrabant, verschenen _____ van beroep _____ oud _____ jaren, wonende _____ van de overledene, en _____ van beroep _____ oud _____ jaren, wonende _____ van de overledene, welke aan ons verklaard hebben, dat alhier op _____, om _____ ure des _____ is overleden _____

van beroep _____ oud _____ , geboren te _____ provincie _____ wonende te _____ _____ van _____

en hebben wij hiervan opgemaakt de tegenwoordige Akte, die, na voorlezing, is geteekend door ons _____

De Ambtenaar van den Burgerlijken Stand voornoemd,

Overlijdensakte van Johanna Christina Raucamp uit 1853.

⁎ Na een langdurig en smartelijk lijden, overleed heden zacht en kalm, onze dierbare Zuster en Tante, Mejufvrouw J. C. RAUCAMP, in den ouderdom van 48 jaren.

uit aller Naam,

BLADEL,
20 Februarij 1853.

CH. L. HANEWINCKEL.

Eenige kennisgeving.

Overlijdensbericht van Johanna Christina Raucamp uit 1853.

3.1 **Jacoba Louisa Raucamp**, Nederduits gereformeerd gedoopt op 24-02-1799 te Someren. Dochter van Johan Christiaan (Christian) Raucamp en Urselina Phillipina Slingsbie (zie: 2.1). Gehuwd op 04-12-1823 te Eersel met **Jan Louis Hanewinckel**, Nederduits gereformeerd gedoopt op 26-10-1777 te Bladel, overleden op 20-12-1834 te Bladel. Zoon van **Jacobus Hanewinckel** en **Adriana Mechelina van Crullenburg**.

Jan Louis was van beroep luitenant en de broer van Jacobus Ferdinandus Hanewinckel, echtgenoot van Jacoba's zus Anna Arnolda Raucamp (zie: 3.2).

Uit dit huwelijk:

1. **Jacobus Antoon Louis Hanewinckel**, geboren op 14-09-1824 te Eersel, overleden op 18-07-1896 te Bladel en Netersel. Gehuwd op 06-04-1854 te Bladel en Netersel met **Maria Euphrosina Rauws**, geboren op 23-12-1821 te Hoogeloon, overleden op 18-01-1889 te Bladel en Netersel. Dochter van **Cornelis Tjerk Gabriel Rauws**, eerste luitenant bij het negende bataljon infanterie landmilitie (1815), eerste luitenant bij het bataljon nationale militie nr.13 (1818), gepensioneerd officier (1843), en **Johanna Cornelia Burghardt**. Samen kregen zij 3 kinderen;

2. **Johan Christiaan Hanewinckel**, geboren op 18-09-1826 te Eersel, overleden op 08-09-1886 te Bladel en Netersel. Gehuwd op 29-12-1875 te Oss met **Elisabeth van de Geer**, geboren op 28-10-1838 te Maarsseveen, overleden op 03-07-1899 te Utrecht. Dochter van **Aart van de Geer** en **Philippina Gerardina Ravensbergen**. Samen kregen zij 1 kind;

3. **Charel Louis Hanewinckel (Hanewinkel)**, geboren op 21-11-1828 te Eersel, overleden op 15-01-1904 te Hilvarenbeek. Gehuwd op 04-11-1860 te Hilvarenbeek met **Hendrika Hermina Dank**, geboren op 28-02-1830 te Hilvarenbeek, overleden op 04-06-1913 te Hilvarenbeek. Dochter van **Jacobus Johannes Dank** en **Wilhelmina Huffer**. Samen kregen zij 3 kinderen;

4. **Adrianus Hanewinckel**, geboren op 24-11-1831 te Eersel, overleden op 24-11-1831 te Eersel;

5. **Johanna Mechelina Urselina Hanewinckel**, geboren op 08-07-1833 te Bladel en Netersel, overleden in circa 1900.

3.2   **Anna Arnolda Raucamp**, Nederduits gereformeerd gedoopt op 22-08-1802 te Someren, overleden op 04-12-1840 te Eersel. Dochter van Johan Christiaan (Christian) Raucamp en Urselina Phillipina Slingsbie (zie: 2.1). Gehuwd op 29-07-1824 te Eersel met **Jacobus Ferdinandus Hanewinckel**, Nederduits gereformeerd gedoopt op 10-

02-1782 te Bladel, overleden op 15-08-1839 te Bladel. Zoon van **Jacobus Hanewinckel** en **Adriana Machelina van Crullenberg**.

Jacobus Ferdinandus was van beroep griffier. Hij was de broer van Jan Louis Hanewinckel, echtgenoot van Anna's zus Jacoba Louisa Raucamp (zie: 3.1). Anna Arnolda liet bij haar overlijden 5826 gulden na aan haar broer, zus en zwager.

3.3   **Johan Jacob Raucamp**, Nederduits gereformeerd gedoopt op 17-05-1807 te Eersel, overleden op 31-12-1884 te Heerde. Zoon van Johan Christiaan (Christian) Raucamp en Urselina Phillipina Slingsbie (zie: 2.1). Gehuwd op 24-01-1844 te Bladel met **Cornelia Margaretha Spaan**, geboren op 26-05-1815 te Piershil, overleden op 15-04-1894 te Heerde. Dochter van **Jacob Spaan** en **Ida Anna Hildegonda Masman**.

Johan begon zijn werkzame leven als arbeider. Later werd hij ambtenaar bij 's Rijksbelastingen en commies van 's Rijksmiddelen. Laatst werd hij vermeld als gepensioneerd ambtenaar.

Uit dit huwelijk:

1. **Johan Jacob Christiaan Raucamp** (zie: 4.1);
2. **Gerardus Jacobus Raucamp** (zie: 4.2);
3. **Ida Anna Hildegonda Raucamp** (zie: 4.3);
4. **Jacobus Louis Raucamp** (zie: 4.4);
5. **Adrianus Slingsbie Raucamp** (zie: 4.5).

Huwelijksakte Jacobus Hanewinckel en Anna Raucamp.

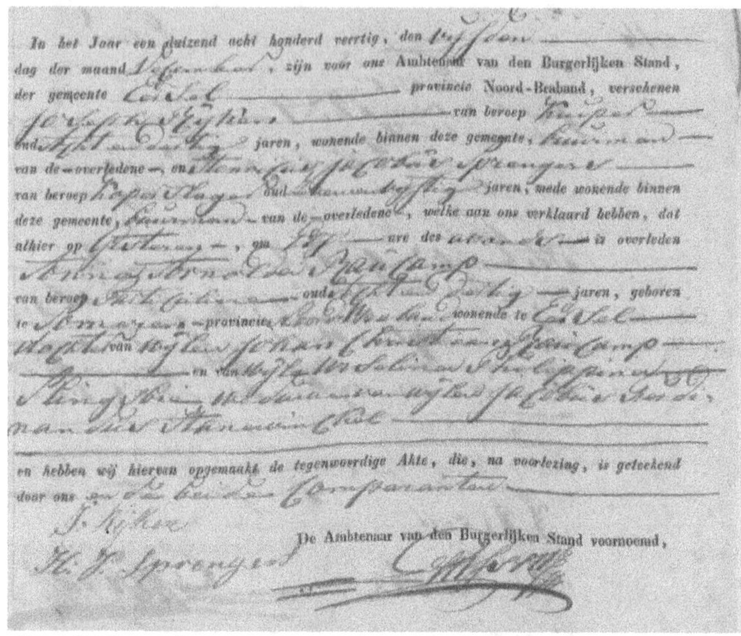

Overlijdensakte van Anna Arnolda Raucamp uit 1840.

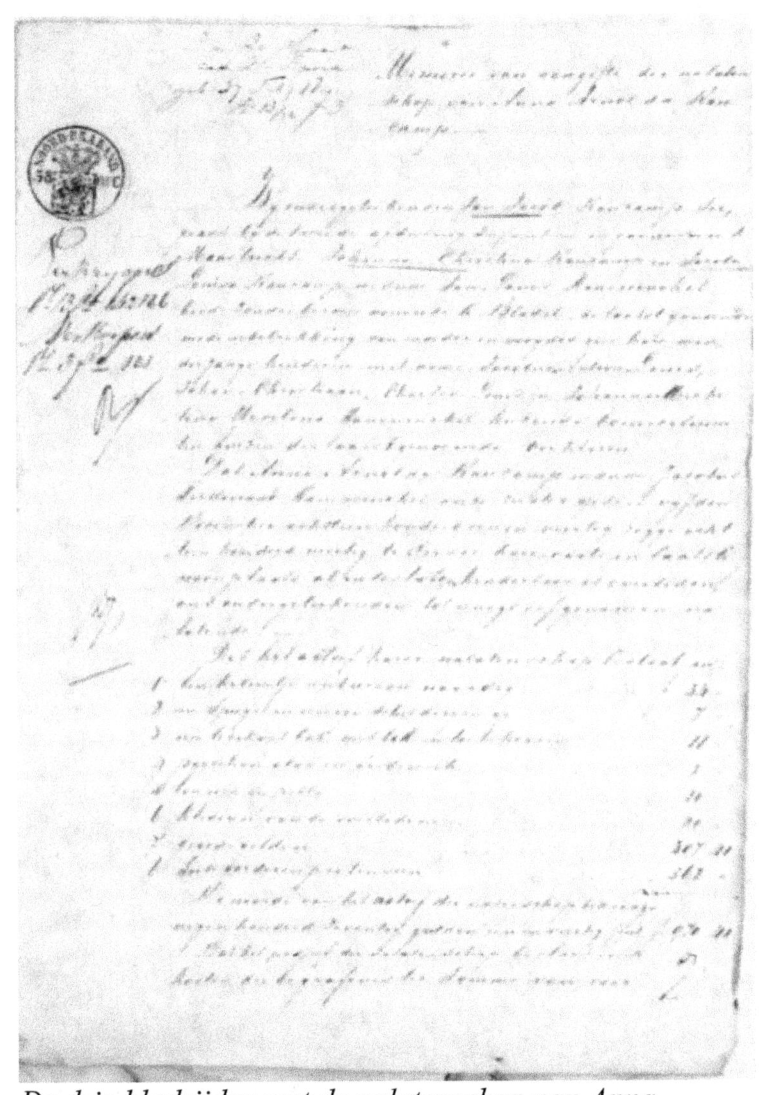

*De drie bladzijden met de nalatenschap van Anna
Arnolda Raucamp.*

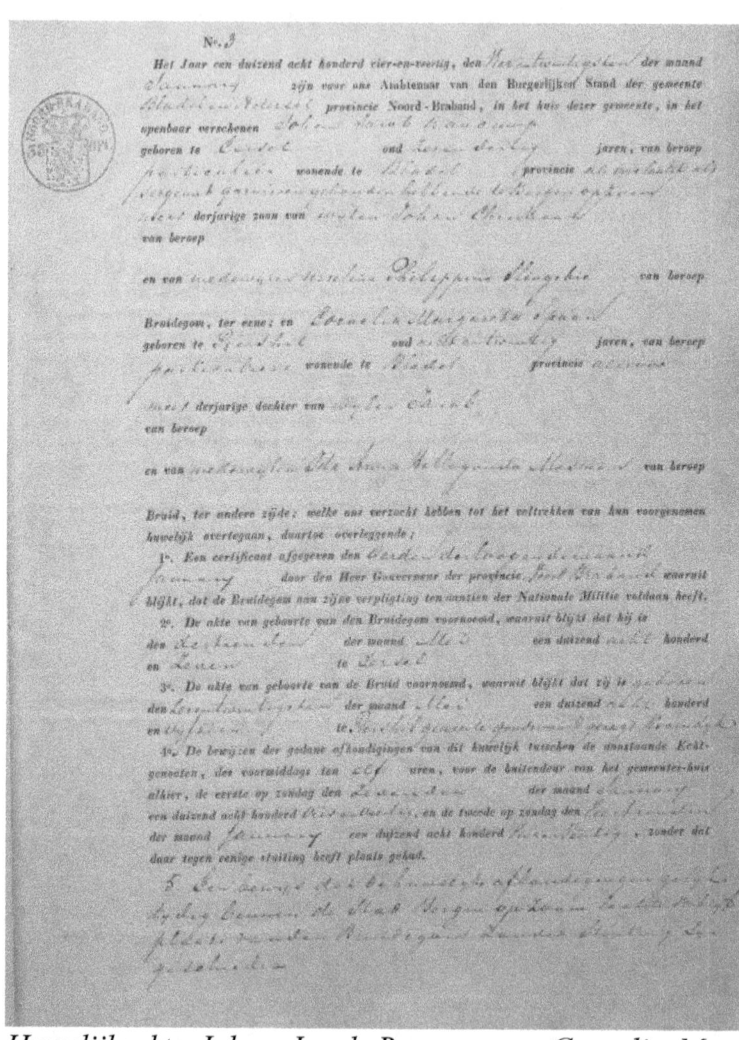

Huwelijksakte Johan Jacob Raucamp en Cornelia Margaretha Spaan uit 1844.

. Getrouwd :
BLADEL,
Februarij 1844.

J. J. RAU...
en
C. M. SPAA...

Vrienden en Bekenden gelieven dit voor eenige kennisgeving aantenemen.

. 40jarige echtvereeniging
VAN
J. J. RAUCAMP
en
C. M. SPAAN.

Heerde,
23 Januarij 1884.

Hunne dankbare kinderen,
behuwd- en kleinkinderen.

Krantenknipsels betreffende het huwelijk Raucamp – Spaan.

Overlijdensakte van Johan Jacob Raucamp uit 1884.

4.1   **Johan Jacob Christiaan Raucamp**, geboren op 05-08-1846 te Druten, overleden op 21-08-1912 te Rotterdam. Zoon van Johan Jacob Raucamp en Cornelia Margaretha Spaan (zie: 3.3). Gehuwd op 10-05-1876 te Zutphen met **Johanna Hendrica Nijkamp**, geboren op 02-12-1848 te Zutphen, overleden op 15-01-1933 te Rotterdam. Dochter van **Jan Nijkamp**, kunstdraaijer en **Harmina Palsenburg**.

Johan Jacob was belastingambtenaar, laatst als commies bij 's Rijksbelastingen. Op enig moment is het gezin verhuisd naar Rotterdam.

Uit dit huwelijk:

1. **Johan Jan Jacob Christiaan Raucamp**, geboren op 15-01-1877 te Didam, overleden op 22-07-1905 te Utrecht. In de militieregisters blijkt dat hij op 14-12-1896 ongeschikt werd geacht voor de dienstplicht. Hierbij was ook opgenomen dat hij 1,61 m lang was, een ovaal gezicht had met hoog voorhoofd, bruine ogen, een dikke neus en blond haar;
2. **Herman Cornelis Gerrit Raucamp**, geboren op 05-01-1879 te Winterswijk, overleden op 23-08-1879 te Winterswijk;
3. **Johanna Hermina Cornelia Raucamp** (zie: 5.1);
4. **Ida Anna Hillegonda Raucamp** (zie: 5.2);

5. **Everdina Johanna Raucamp**, geboren op
    22-02-1884 te Gendringen (Oude
    IJsselstreek), overleden op 04-09-1884 te
    Zevenaar;
6. **Jacobus Louis Raucamp**, rijtuigpoetser,
    geboren op 01-02-1885 te Zevenaar,
    overleden op 05-08-1918 te Rotterdam;
7. **Jan Raucamp**, geboren op 14-01-1886 te
    Zevenaar, overleden op 03-10-1895 te
    Rotterdam;
8. **Willem Raucamp** (zie: 5.3).

4.2 **Gerardus Jacobus Raucamp**, geboren op 25-11-1848 te Druten. Zoon van Johan Jacob Raucamp en Cornelia Margaretha Spaan (zie: 3.3). Gehuwd op 27-01-1875 te Utrecht met **Christina Johanna Theodora Brinkman**, geboren op 27-10-1849 te Nijmegen, Evangelisch Luthers gedoopt op 18-11-1849 te Nijmegen. Dochter van **Francois Brinkman**, sigarenmaker, en **Augusta Theodora Sophia van Helmond**.

Gerardus was van beroep politieagent te Zwolle. Op 08-11-1878 verhuisden zij naar Kampen waar Gerardus nog altijd werkte als agent van politie. Later verhuisde het gezin naar Amsterdam waar Garardus werk vond als schilder.

Van 19-12-1881 tot 19-01-1882 werd Gerardus opgenomen in het Binnengasthuis op de afdeling Mannen Verband. Hieruit kunnen we opmaken dat Gerardus gewond was geraakt en vanwege zijn verwonding verpleging nodig had. Bij zijn registratie werd vermeld dat hij van beroep schilder was, vier kinderen had en geboren was te Amsterdam (terwijl dat dus Druten moet zijn). Het gezin woonde toen aan de Binnen Wieringerstraat 25.

Het Binnengasthuis was in de 19de eeuw berucht om de slechte omstandigheden. In 1867 schreven de regenten van het Binnengasthuis een rapport aan het stadsbestuur, waarin ze de afdeling verloskunde beschreven: "Zwangere vrouwen moeten haar dag- en nachtverblijf houden op sombere zolders. De verpleegkamers zijn op een andere verdieping gelegen dan de verloskamers, zodat de kraamvrouwen dadelijk na de bevalling een zeer moeilijke en nadelige verplaatsing moeten ondergaan. Voor reconvalescenten moet dienen een groot, hol, kil, kerkvormig en met stenen bevloerd lokaal, dat des winters voor geen behoorlijke verwarming vatbaar is. En de verloskamers zijn in een bouwvallig, slecht ingericht houten gebouw, dat bovendien te klein is om aan alle behoeften te voldoen."

Nadat in 1828 een afdeling chirurgie was geopend, geleid door het hoofd van de kraamkliniek dr. Tilanus, verviervoudigde de sterfte aan kraamvrouwenkoorts. Artsen en studenten sneden nietsvermoedend in lijken ter vergroting van hun anatomische kennis, en deden vervolgens een verlossing zonder daartussen hun handen te wassen. In Wenen ontdekte Ignaz Semmelweis rond 1845 het verband tussen beide zaken en toen dr. Tilanus hiervan hoorde, besloot hij de afdelingen chirurgie en verloskunde te scheiden. Als opvolger op de kraamafdeling koos hij echter een verklaard tegenstander van Semmelweis, dr. Leopold Lehmann. Pas na diens dood zou de antiseptische geneeskunde in Amsterdam een kans krijgen.

De verpleging bestond uit 'knechten en meiden' die zich, volgens een rapport van het stadsbestuur in 1882, schuldig maakten aan drankmisbruik en mishandeling, de medicijnen verkochten en het voedsel voor zichzelf hielden. In reactie besloot de stad een jaar later om gediplomeerde verplegers in dienst te nemen.

Ook met de medische behandeling was het slecht gesteld. De Oostenrijkse arts Joseph Speilt, die het Binnen- en Buitengasthuis in 1852 bezocht, schreef in zijn verslag aan het Koninklijke en Keizerlijke Artsengezelschap in Wenen: "Hoe moeten we deze twee verpleeginrichtingen beschrijven, die op geen enkele wijze die naam verdienen? Als wij bijzonderheden opsommen, blijkt als vanzelf dat ze het tegendeel zijn van wat ziekenhuizen behoren te zijn. (...) Op iedere buitenstaander maakt deze plek een hoogst onaangename indruk. Op zeshonderd zieken zijn er slechts twee artsen." Het verplegend personeel noemde hij een afschrikwekkend voorbeeld van ruwheid, traagheid en smerigheid. Wie geld had liet zich dan ook liever thuis verzorgen.

Anders dan nu konden Amsterdammers en toeristen na het betalen van poortgeld naar binnen om de zieken en gekken te bekijken. Ook operaties konden tegen betaling in het Binnengasthuis worden bijgewoond.

Op 30-01-1884 werd Gerardus nogmaals opgenomen. Ditmaal in het Buitengasthuis op de afdeling mannen zieken en wel tot 24-02-1884. Op 24-08-1885 werd Gerardus nogmaals opgenomen in het Buitengasthuis op afdeling mannen verband. Ditmaal voor slechts één dag, waaruit opgemaakt kan worden dat de verwonding dit maal meeviel.

Het Buitengasthuis was een gasthuis nabij de Overtoomse Vaart in Amsterdam, in de buurt van het latere Wilhelmina Gasthuis. Het gasthuis speelde een belangrijke rol in de ontwikkeling van de verpleging in Nederland.

De toestand in het Buitengasthuis verbeterde pas eind 19de eeuw. Na een gemeentelijk rapport in 1883 waarin de slechte situatie in beide gasthuizen werd beschreven, werden een aantal hervormingen doorgevoerd. Voor de verpleging zou in het vervolg gediplomeerd personeel gebruikt worden. Jacob van Deventer, een arts in het Binnengasthuis, werd benoemd als geneesheer-directeur van het Buitengasthuis en ging samen met zijn vrouw aan de slag om de toestanden in het gasthuis te verbeteren. Anna Reynvaan, een verpleegster in het Binnengasthuis, volgde Van Deventer naar het Buitengasthuis en werd op 17-05-1883 aangesteld als adjunct-directrice.

In het Buitengasthuis zette Reynvaan de eerste professionele verpleging van Nederland op. Zo organiseerde ze samen met Van Deventer een verpleegstersopleiding in het gasthuis, en nam het praktijkgedeelte zelf voor haar rekening. De opleiding vormde de basis voor andere verpleegopleidingen die in de Nederland werden opgezet. Ook voerde Reynvaan uniforms en nachtdiensten in voor de verpleegsters en ziekenhuishuiskleding voor de patiënten.

Uit dit huwelijk:

1. **August Johan Gerardus Raucamp** (zie: 5.4);
2. **Gerardus Jacobus Raucamp** (zie: 5.5);
3. **Johan Theodoor Jacob Raucamp** (zie: 5.6);
4. **Cornelia Margaretha Raucamp**, geboren op 16-11-1875 te Zwolle, overleden op 02-05-1948 te Amsterdam;
5. **Augusta Theodora Sophia Raucamp**, geboren op 01-04-1877 te Zwolle, overleden op 18-04-1878 te Kampen;
6. **Christina Jacobina Raucamp**, geboren op 25-08-1878 te Kampen;
7. **Jacobina Helena Raucamp**, geboren op 18-10-1879 te Amsterdam;
8. **Sophia Augusta Theodora Raucamp**, geboren op 31-12-1881 te Amsterdam.

4.3   **Ida Anna Hildegonda Raucamp**, geboren op 27-09-1850 te Druten, overleden op 02-12-1881 te Epe. Dochter van Johan Jacob Raucamp en Cornelia Margaretha Spaan (zie: 3.3). Gehuwd op 01-07-1871 te Heerde met **Jan Kasteel**, geboren op

27-02-1845 te Epe, overleden op 17-04-1932 te Epe. Zoon van **Hendrikus Kasteel**, timmerman, en **Johanna Weglinkhuizen**. Jan huwde (2) op 21-02-1885 te Epe met **Hilligje van de Wetering**, geboren op 25-04-1862 te Genemuiden, overleden op 21-10-1935 te Epe. Dochter van **Albert van de Wetering**, veehouder, en **Hendrika van Rees**.

Jan Kasteel was van beroep koopman. In 1885 werd hij vermeld als timmerman. Uit beide huwelijken zijn geen kinderen bekend.

4.4   **Jacobus Louis Raucamp**, geboren op 30-04-1853 te Druten, overleden op 26-12-1914 te Naarden. Zoon van Johan Jacob Raucamp en Cornelia Margaretha Spaan (zie: 3.3). Gehuwd op 04-06-1879 te Utrecht met **Katharina van Luijk**, geboren op 05-07-1851 te Groningen. Dochter van **Adriaan van Luijk**, voerman, en **Johanna de Vries**.

Jacobus was in 1908 brugwachter van beroep. In 1913 militair wachter en in 1914 opnieuw vermeld als brugwachter.

Uit dit huwelijk:

1. **Johan Louis Raucamp** (zie: 5.7);
2. **Albertus Jacobus Raucamp**, geboren op 16-06-1878 te Utrecht, geboren als van Luik en erkend met huwelijk van de ouders, overleden op 29-12-1945 te Utrecht. Gehuwd op 25-11-

1903 te Utrecht met **Alida Jacoba Renes**, overleden op 31-12-1948 te Utrecht. Dochter van **Jacob Renes** en **Geertruida Voerknecht**;

3. **Urselina Philippina Cornelia Jacobina Johanna Raucamp** (zie: 5.8);
4. **Adriaan Johan Raucamp** (zie: 5.9);
5. **Johan Jacobus Raucamp**, geboren op 03-02-1884 te Utrecht. Gehuwd op 31-08-1910 te Utrecht met **Johanna Geertruida Slee**, geboren op 16-03-1884 te Utrecht. Dochter van **Johannes Slee** en **Johanna Bongenaar**;
6. **Gerardus Jacobus Raucamp**, geboren op 28-08-1885 te Utrecht, overleden op 27-09-1952 te Utrecht. Gehuwd met **Johanna Langezaal**, geboren op 01-09-1886 te Utrecht, overleden op 19-10-1953 te Utrecht. Dochter van **Gerardus Johannes Langezaal** en **Pietje Flink**;
7. **Jacob Raucamp**, postbeambte, geboren in circa 1887, overleden op 02-09-1920 te Utrecht. Gehuwd op 21-09-1915 te Bussum met **Maria Clara Johanna Brand**, verpleegster, geboren op 13-05-1875 te Groningen, overleden op 30-12-1956 te Heerde. Dochter van **Wilhelmus Johannes Brand**, gymnastiekonderwijzer, en **Clara van Dam**;
8. **Cornelis Raucamp**, huisschilder, geboren op 14-08-1888 te Utrecht, overleden op 12-04-1956 te Bussum. Gehuwd op 06-05-1914 te Bussum met **Adriaantje Been**, geboren in

circa 1891 te Weesp. Dochter van **Elbert
Been**, bode, en **Harremijntje van de Meent**;
9. **Ida Anna Hillegonda Raucamp**, geboren op
16-09-1891 te Utrecht, overleden op 22-12-
1954 te Naarden. Gehuwd op 12-05-1920 te
Utrecht met **Jan Booden**, geboren in circa
1893 te Naarden. Zoon van **Willem
Christiaan Booden** en **Wilhelmina Johanna
Tiernego**;
10. **Cornelia Margaretha Raucamp**, dienstbode,
geboren op 10-09-1893 te Utrecht. Gehuwd
op 01-05-1918 te Naarden met **Jan Willem
Grimminck**, expeditieassistent, geboren op
19-03-1894 te Utrecht. Zoon van **Jan
Grimminck**, sergeant vuurwerker, en
Hendrika Hessel(s);
11. **Jacobina Johanna Raucamp** (zie: 5.10).

4.5 **Kpl Adrianus Slingsbie Raucamp**, geboren op
23-02-1856 te Koedijk (volgens regionaal archief
Alkmaar) of te Druten (volgens geboorteakte),
overleden op 15-02-1932 te Bergen. Zoon van
Johan Jacob Raucamp en Cornelia Margaretha
Spaan (zie: 3.3). Gehuwd 10-06-1880 te Kampen
met **Klaasje Jongbloed**, geboren op 17-04-1857
te Blokzijl, overleden op 09-08-1910 te Kampen.
Dochter van **Johannis Jongbloed**, arbeider, en
Elsje Kempen.

Adrianus kreeg als tweede naam de geslachtsnaam van zijn grootmoeder mee. Van beroep was
Adrianus op 10-06-1880 soldaat-hoornblazer 1e

klasse, op 27-03-1902 muzikant en op 04-02-1909 korporaal infanterie.

Uit dit huwelijk:

1. **Cornelia Margaretha Raucamp**, geboren op 14-11-1880 te Kampen. Gehuwd op 04-02-1909 te Kampen met **Jan Willem van Dijk**, ijzerwerker, geboren op 27-08-1871 te Kampen, overleden op 14-11-1960 te Arnhem. Zoon van **Willem van Dijk**, scheepstimmerman, en **Anna Maria van Dilgt**;
2. **Elsje Raucamp**, geboren op 21-12-1881 te Kampen, overleden op 09-07-1882 te Kampen;
3. **Elsje Raucamp** (zie: 5.11);
4. **Jan Raucamp**, geboren op 19-12-1884 te Kampen, overleden op 10-06-1885 te Kampen;
5. **Johanna Raucamp**, geboren op 22-01-1886 te Kampen, overleden op 18-04-1887 te Kampen;
6. **Johanna Raucamp**, geboren op 09-01-1888 te Kampen, overleden op 05-10-1921 te Rotterdam. Gehuwd op 07-11-1912 te Alkmaar met **Jan Reuijl**, sigarensorteerder, geboren op 27-11-1884 te Kampen, overleden op 17-02-1945 te Rotterdam. Zoon van **Jan Reuijl**, smid, en **Johanna Lambarta Nak**;
7. **Ida Anna Hillegonda Raucamp**, geboren op 29-09-1889 te Kampen, overleden op 21-11-1889 te Kampen.

Geboorteakte Johan Jan Jacob Christiaan Raucamp uit 1877 te Didam (zie: 4.1).

Gezinskaart uit 1893 te Amsterdam waaruit bleek dat Gerardus en Christina nog meer kinderen hadden gekregen dan bekend was via de geboorteaktes (zie: 4.2).

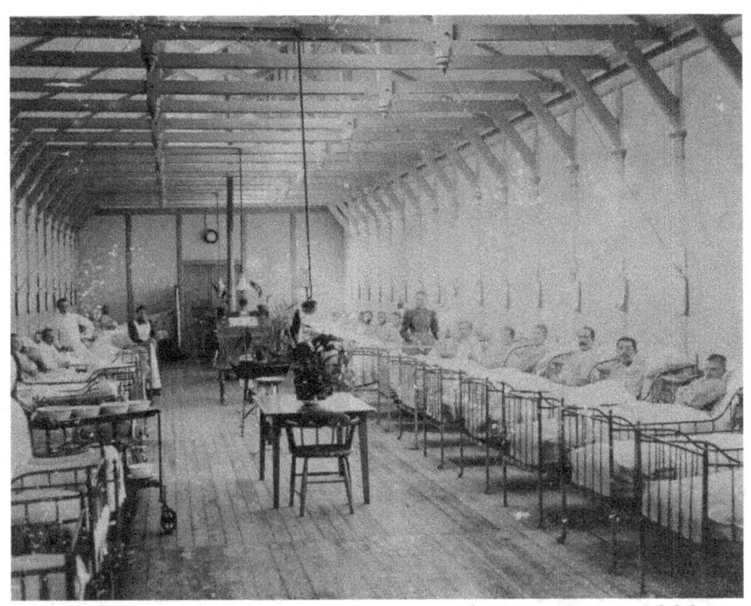

Een verpleegzaal in het Binnengasthuis in circa 1890, op een dergelijke zaal zal Gerardus meerdere keren hebben gelegen (zie: 4.2).

Mede namens echtgenoote en kinderen betuigt ondergeteekende zijn hartelijken dank aan de zoo velen die hebben meegewerkt om hem Donderdag zijn dienstjubileum tot een gelukkigen dag te maken.

A. S. RAUCAMP,
Korpbraal-muzikant.

Krantenknipsel uit september 1908 ter gelegenheid van het dienstjubileum van Adrianus Raucamp (zie: 4.5).

Ondergeteekende betuigt zijnen hartelijken dank aan allen die hem op 6 December j.l. blijken van belangstelling
betoonden.

A. S. RAUCAMP,
Korporaal I. B.

Krantenknipsel met dankwoord van Adrianus Raucamp.

Heden den ⸻ negentien honderd twee en dertig zijn voor mij ondergeteekende, Ambtenaar van den Burgerlijken Stand der gemeente **Bergen**, verschenen ⸻ beroep ⸻ oud ⸻ jaar, wonende te ⸻ en ⸻ van beroep ⸻ oud ⸻ jaar, wonende te ⸻, die mij hebben verklaard, dat op den ⸻ negentien honderd twee en dertig, des ⸻ middags te ⸻ ure, in het huis staande alhier, ⸻ in den ouderdom van ⸻ is overleden ⸻ beroep ⸻ geboren te ⸻ en wonende te ⸻

En heb ik hiervan opgemaakt deze akte, welke na voorlezing door mij en de ⸻

De Ambtenaar voornoemd,

Overlijdensakte van Adrianus Raucamp (zie: 4.5).

5.1 **Johanna Hermina Cornelia Raucamp**, geboren
op 05-10-1880 te Gendringen (Oude IJsselstreek).
Dochter van Johan Jacob Christiaan Raucamp en
Johanna Hendrica Nijkamp (zie: 4.1). Gehuwd op
17-11-1915 te Rotterdam met **Pieter van der Velde**, geboren op 31-03-1886 te Overschie. Zoon
van **Hendrik van der Velde** en **Anna la Riviére**

Het gezin was woonachtig aan de Hofdijk 20 1B
te Rotterdam.

Uit dit huwelijk:

1. **Anna van der Velde**, geboren op 16-03-1916
   te Rotterdam;
2. **Pieter van der Velde**, geboren op 08-09-1919
   te Rotterdam.

5.2 **Ida Anna Hillegonda Raucamp**, geboren op 07-
09-1882 te Gendringen (Oude IJsselstreek), overleden op 27-09-1966 te Rotterdam. Dochter van
Johan Jacob Christiaan Raucamp en Johanna
Hendrica Nijkamp (zie: 4.1). Gehuwd op 24-05-
1916 te Rotterdam met **Hendrik Batenburg**, geboren op 14-09-1887 te Hillegersberg. Zoon van
Marinus Willem Batenburg en **Maartje van
Mullem**.

Het gezin was Nederlands hervormd en woonde
in de Gerrit jan Mulderstraat 68a te Rotterdam.
Hendrik was van beroep tramwagenchauffeur bij
de R.E.T.

Uit dit huwelijk:

1. **Johan Jacob Christiaan Batenburg**, geboren
    op 04-05-1918 te Rotterdam.

5.3   **Willem Raucamp**, geboren op 03-07-1890 te Zalt-
      bommel. Zoon van Johan Jacob Christiaan Rau-
      camp en Johanna Hendrica Nijkamp (zie: 4.1).
      Gehuwd op 30-08-1916 te Rotterdam met **Mar-
      garetha Vooys**, geboren op 16-02-1891 te Rotter-
      dam. Dochter van **Cornelis Vooys** en **Jannetje
      van der Meij**.

      Het gezin was Nederlands Hervormd. Willem was
      van beroep magazijnmeester. Het gezin verhuisde
      regelmatig maar was laatst ingeschreven op de
      Beukelsweg 25 B te Rotterdam.

      Uit dit huwelijk:

      1. **Johanna Hendrika Raucamp**, geboren op
          03-01-1918 te Rotterdam. Gehuwd op 22-08-
          1946 te Rotterdam met **Jacobus Gerardus
          Remkes Jr.**;
      2. **Cornelis Johan Raucamp**, geboren op 20-
          08-1920 te Rotterdam.

5.4   **August Johan Gerardus Raucamp**, geboren op
      21-01-1870 te Nijmegen, overleden op 08-10-
      1943 te Nijmegen. Zoon van Gerardus Jacobus
      Raucamp en Christina Johanna Theodora Brink-
      man (zie: 4.2). Gehuwd op 10-02-1893 te Nijme-

gen met **Grada Willemsen**, geboren op 06-03-1870 te Gendt (Lingewaard), overleden op 27-08-1931 te Nijmegen. Dochter van **Johannes Willemsen**, smid, en **Petronella Folmering**.

August werd geboren als Brinkman. In zijn geboorteakte staat vermeld 'vader onbekend', maar op basis van de voornamen mag aangenomen worden dat Christina en Gerardus reeds een relatie hadden en Gerardus Raucamp daadwerkelijk de vader is. Bij het huwelijk van zijn ouders op 27-01-1875 werd August erkend en werd zijn geslachtsnaam Brinkman veranderd in Raucamp.

August was van beroep arbeider. Grada was voor het huwelijk naaister van beroep. In 1896 werd August vermeld als koopman.

Uit dit huwelijk:

1. **Grada Raucamp** (zie: 6.1);
2. **Petronella Christina Raucamp** (zie: 6.2);
3. **Wilhelmina Catharina Sophia Raucamp**, dienstbode, geboren op 13-01-1896 te Nijmegen. Gehuwd op 14-05-1920 te Nijmegen met **Johannes Wilhelmus de Haard**, leerling machinist, geboren op 29-06-1893 te Beek. Zoon van **Bartholomeus de Haard**, arbeider, en **Hendrina Verweij**.

5.5   **Kpl Gerardus Jacobus Raucamp**, geboren op 14-01-1873 te Nijmegen, overleden op 02-08-1899 te 's-Gravenhage. Zoon van Gerardus Jacobus Raucamp en Christina Johanna Theodora Brinkman (zie: 4.2). Gehuwd op 10-11-1897 te Rotterdam met **Josephina Anna Maria Stoot**, geboren op 28-07-1870 te Venlo, overleden op 12-03-1936 te Delft. Dochter van **Gerard Leonard Stoot** en **Jacoba Hubertina Andriessen**. Josephina huwde (2) op 05-11-1903 te Dordrecht met **Arnoldus Joosten**, geboren op 19-10-1854 te Rotterdam, overleden op 03-06-1923 te Delft. Zoon van **Jan Joosten** en **Allegonda Eekhoudt**. Arnoldus huwde (1) op 22-06-1882 te Dordrecht met **Joanna Brons**, geboren op 05-04-1857 te Alkemade, overleden op 05-07-1898 te Rotterdam. Dochter van **Hendrikus Brons** en **Maria Christina Tijssen**.

Gerardus werd geboren met de geslachtsnaam Brinkman. In de akte staat dat de vader onbekend is, maar op basis van de voornamen mag aangenomen worden dat zijn ouders Christina en Gerardus reeds een relatie hadden en Gerardus Raucamp ook daadwerkelijk de vader is. Met het huwelijk van zijn ouders op 27-01-1875 werd hij erkend en werd zijn geslachtsnaam veranderd in Raucamp.

Gerardus was van beroep korporaal tamboer in het leger. Een tamboer, of trommelslager, is iemand die op een trommel slaat met een bepaalde functie. Sinds de 16de eeuw werd de tamboer gebruikt om tijdens de marsen van de legers het tempo aan te geven en commando's door te geven.

Nog geen twee jaar na zijn huwelijk overleed Gerardus op slechts 26 jarige leeftijd. Josephina bleef met twee kleine kinderen achter en huwde vier jaar later met de 16 jaar oudere weduwnaar Arnoldus Joosten waar zij nog twintig jaar mee getrouwd zou zijn alvorens voor een tweede keer weduwe te worden.

Arnoldus was van beroep schipper op de Rijnvaart. Meerdere kinderen zijn dan ook in Duitsland geboren. Aangenomen mag worden dat Josephina samen met Arnoldus meevoer op het schip aangezien hun dochter in 1907 in Duisburg werd geboren.

Meerdere kinderen van Arnoldus werden net als hun vader schipper. Ook zijn stiefzoon Joseph Johan Raucamp belandde via hem in de scheepvaart en werd matroos op de Rijnvaart.

Uit het huwelijk Raucamp - Stoot:

1. **Gerardus Jacobus Cornelis Raucamp**, geboren op 22-04-1897 te Rotterdam. Gerardus werd geboren met de geslachtsnaam Stoot. In de akte staat wel reeds zijn vader vermeld. Met het huwelijk van zijn ouders op 10-11-1897 werd hij erkend en werd zijn geslachtsnaam veranderd in Raucamp;
2. **Joseph Johan Raucamp**, matroos op de Rijnvaart, later portier te 's-Gravenhage

(waarbij hij op 09-03-1951 en op 01-04-1956 aangifte doet van een overlijden), geboren op 27-05-1898 te Rotterdam. Gehuwd op 29-11-1922 te Delft met **Adriana Francina Catharina Mudde**, geboren op 09-01-1901 te Brielle. Dochter van **Johannes Wilhelmus Josephus Mudde**, letterzetter, en **Bertha Maria Bernardina Meurer**.

Uit het huwelijk Joosten – Brons:

1. **Johannes Hendrikus Joosten**, geboren op 11-06-1883 te Dordrecht, overleden op 18-04-1958 te Rotterdam. Gehuwd op 28-07-1909 te Rotterdam met **Johanna Francisca Savelkouls**, geboren in circa 1883 te Alphen. Dochter van **Arnoldus Savelkouls** en **Clasina Schoonenberg**;
2. **Hendrikus Arnoldus Joosten**, geboren op 26-11-1884 te Dordrecht;
3. **Arnoldus Lodevikus Joosten**, geboren op 09-12-1885 te Ruhrort (Duitsland), overleden op 15-04-1957 te Rotterdam. Gehuwd op 25-09-1919 te Schiedam met **Christina Liduina van der Kraan**, geboren in circa 1891 te Schiedam. Dochter van **Arij van der Kraan** en **Christina Maria van Eijk**;
4. **Maria Allegonda Joosten**, geboren op 31-07-1887 te Rotterdam;
5. **Petrus Leonardus Dominicus Joosten**, geboren op 19-06-1889 te Duisburg (Duitsland), overleden op 31-05-1958 te

Rotterdam. Gehuwd op 05-03-1913 te
Rotterdam met **Maria Theodora Bartels**,
geboren op 12-09-1894 te Rotterdam. Dochter
van **Lambert Franz Bartels** en **Maria
Theodora Cornelissen**;

6. **Theodorus Michiel Joosten**, schipper,
   geboren op 02-02-1891 te Dordrecht,
   overleden op 15-05-1953 te Rotterdam.
   Gehuwd op 29-08-1919 te Rotterdam met
   Josina Johanna van der Brugge, geboren in
   circa 1893 te Delft. Dochter van **Leendert
   van der Brugge** en **Antje van Beek**;
7. **Michael Gerardus Joosten**, schipper,
   geboren op 16-11-1892 te Duisburg
   (Duitsland), overleden op 04-12-1954 te
   Rotterdam. Gehuwd op 08-02-1922 te
   Rotterdam met **Cornelia Buskop**, geboren in
   op 20-03-1898 te Rotterdam. Dochter van
   Arnoldus Willem Buskop en **Elisabeth van
   Jeveren**;
8. **Franciscus Adrianus Joosten**, geboren op
   02-06-1894 te Rotterdam;

Uit het huwelijk Joosten – Stoot:

1. **Josephina Maria Jacoba Joosten**, geboren
   op 07-05-1907 te Duisburg (Duitsland).

5.6 **Johan Theodoor Jacob Raucamp**, geboren op 05-
01-1875 te Utrecht (geboren als Brinkman maar in
akte vermeld dat Raucamp zijn vader is, bij huwelijk ouders op 27-01-1875 erkend). Zoon van Gerar-

dus Jacobus Raucamp en Christina Johanna Theodora Brinkman (zie: 4.2). Gehuwd op 30-09-1903
te Amsterdam met **Christina Engelsman**, geboren
op 12-01-1884 te Wageningen. Dochter van **Jacobus Engelsman**, visser, en **Christina Jansen**.

Johan was van beroep kantoorbediende.

Uit dit huwelijk:

1. **Christina Johanna Raucamp**,
   kantoorbediende, geboren in circa 1906 te
   Watergraafsmeer. Gehuwd op 30-09-1926 te
   Amsterdam met **Cornelis Hendrik Carel
   Lam**, reiziger, geboren in circa 1898 te
   Amsterdam. Zoon van **Sijmen Lam**, sloper,
   en **Maria Elizabeth Grimme**;
2. **Johanna Frederika Raucamp**,
   kantoorbediende, geboren in circa 1909 te
   Watergraafsmeer. Gehuwd op 28-05-1931 te
   Amsterdam met **Albert Dalmolen**,
   bankbediende, geboren in circa 1903 te
   Groningen. Zoon van **Hendrik Dalmolen**,
   rijksambtenaar, en **Catharina Maria
   Engelina Arkes**.

5.7   **Johan Louis Raucamp**, geboren op 15-09-1876
te Amsterdam (geboren als van Luik en erkend
met huwelijk van de ouders), overleden op 01-02-
1946 te Utrecht. Zoon van Jacobus Louis Raucamp en Katharina van Luijk (zie: 4.4). Gehuwd
op 23-05-1900 te Utrecht met **Dientje Maree**, ge-

boren op 23-03-1876 te Utrecht, overleden op 23-03-1930 te Utrecht. Dochter van **Dirk Maree** en **Sophia Goedgeluk**.

Uit dit huwelijk:

1. **Catharina Raucamp**, geboren op 02-01-1901 te Utrecht. Gehuwd op 30-03-1921 te Utrecht met **Gerrit Land**, geboren op 12-03-1898 te Amsterdam. Zoon van **Gerrit Jan Land** en **Anna Keurslag**;
2. **Sophia Raucamp**, geboren op 28-05-1902 te Utrecht, overleden op 01-01-1953 te Zuilen. Gehuwd op 20-08-1925 te Utrecht met **Percival Franciscus Cirkel**, directeur Neo-Metaal, geboren op 16-07-1903 te Utrecht. Zoon van **Willem Lodewijk Cirkel** en **Johanna Maria Hendrika Voest**;
3. **Jacobus Louis Raucamp**, geboren op 20-11-1904 te Utrecht. Gehuwd op 01-07-1936 te Utrecht met **Dirkje Elisabeth de Hoog**, geboren op 30-11-1908 te Utrecht. Dochter van **Jeroen de Hoog** en **Willemina Hendrika de(n) Bode**;
4. **Albertus Jacobus Raucamp**, geboren op 13-05-1906 te Utrecht. Gehuwd op 06-01-1932 te Utrecht met **Catharina Maria Geelmuijden**, geboren op 31-08-1905 te Utrecht. Dochter van **Gabriel Jacobus Geelmuijden** en **Anthonia van Zanten**;
5. **Theodora Ida Raucamp**, geboren op 13-12-1907 te Utrecht. Gehuwd op 05-04-1934 te

Utrecht met **Herman Willem Verspeek**, geboren op 01-08-1904 te Zwolle. Zoon van **Karel Eduard Verspeek** en **Willemina Maats**.

5.8 **Urselina Philippina Cornelia Jacobina Johanna Raucamp**, geboren op 23-03-1880 te Utrecht. Dochter van Jacobus Louis Raucamp en Katharina van Luijk (zie: 4.4). Gehuwd op 23-07-1908 te Naarden met **Hendrik van der Flier**, geboren op 09-11-1879 te Utrecht, overleden op 25-09-1967 te Utrecht. Zoon van **Jacobus Cornelis van der Flier**, meubelmaker, en **Dina Jenner**.

Hendrik was van beroep meubelmaker.

Uit dit huwelijk:

1. **Dina Jacoba van der Flier**, geboren op 22-03-1911 te Utrecht.

5.9 **Adriaan Johan Raucamp**, geboren op 16-07-1882 te Utrecht, overleden op 23-09-1951 te Groningen. Zoon van Jacobus Louis Raucamp en Katharina van Luijk (zie: 4.4). Gehuwd op 15-10-1908 te Loenersloot met **Gerritje Schoo**, geboren op 30-01-1884 te Loenersloot, overleden op 27-07-1964 te Groningen. Dochter van **Abraham Schoo** en **Bregje Wijnberg**.

Adriaan was van beroep telegrafist in 1909, in 1927 stationschef.

Uit dit huwelijk:

1. **Abraham Raucamp**, geboren op 01-10-1909 te Ede, overleden op 03-10-1909 te Ede;
2. **Bregje Catharina Raucamp**, geboren in circa 1911, overleden op 28-11-1925 te Utrecht;
3. **Katharina Raucamp**, geboren in circa 1914, overleden op 22-05-1927 te Ede.

5.10 **Jacobina Johanna Raucamp**, geboren op 10-09-1893 te Utrecht, overleden op 17-04-1955 te Haarlem. Gehuwd op 28-08-1913 te Naarden met **Johan Mussche**, geboren op 28-10-1891 te Amsterdam, overleden op 10-07-1940 te Haarlem. Zoon van **Jan Mussche** en **Johanna Maria ter Horst**.

Johan was van beroep kantoorbediende.

Uit dit huwelijk:

1. **Johan Mussche**, geboren op 11-05-1920 te Amsterdam, overleden op 11-05-1920 te Amsterdam;
2. **Johanna Maria Mussche**, geboren in circa 1922 te Amsterdam, overleden op 25-09-1945 te Amsterdam.

5.11 **Elsje Raucamp**, geboren op 28-06-1883 te Kampen, overleden op 02-03-1955 te Rotterdam. Dochter van Adrianus Slingsbie Raucamp en Klaasje Jongbloed (zie: 4.5). Gehuwd op 27-03-1902 te Kampen met **Gerrit Kuiper**, geboren op 30-10-1874 te Kampen, overleden op 15-06-1952 te Deventer. Zoon van **Jacob Kuiper**, sigarenmaker, en **Aaltje Groen**.

Volgens zijn persoonskaart was Gerrit van beroep uurwerkmaker. Bij de geboorteaangifte van zijn dochter Elsje werd vermeld dat hij van beroep horlogemaker was en dat het echtpaar woonde in Kampen. Volgens de huwelijksakte van zijn dochters Johanna Catharina Cornelia en Johanna, woonde het echtpaar in 1932 en 1939 nog altijd in Kampen.

Deze hierboven genoemde gegevens uit originele akten zorgen voor de nodige vragen binnen de familie. Zijn dochter Johanna vertelde haar kinderen en kleinkinderen namelijk altijd dat haar vader behanger was. Volgens haar was hij een echte vakman en vroeg men hem zelfs ná de oorlog, toen hij al met pensioen was, kamers te behangen. Tevens heeft zij altijd verteld dat ze in Rotterdam is opgegroeid en ten tijde van haar huwelijk zeker niet in Kampen woonde. Gerrit en Elsje konden in 1932 en 1939 dus niet woonachtig zijn in Kampen. Uitgaande van de geboorteplaatsen van de kinderen lijkt het erop dat het gezin ergens tussen 1905 en 1913 naar Rotterdam is verhuisd. In de geboorteakte van hun dochter

Elsje blijkt dat zij is geboren in de Meidoornstraat 29 in het Oude Noorden. Het is goed mogelijk dat Gerrit en Elsje hier woonden.

Het idee bestaat daarom dat het gezin Kuiper – Raucamp bewust probeerde te verbergen dat zij woonachtig waren in Rotterdam, maar waarom?

Het verhaal gaat dat Gerrit het zwarte schaap was van de familie. Hij kluste veel zwart bij, vloekte veel, hield van een stevige slok en ook van de daaruit volgende knokpartijen. Johanna vertelde haar kleinkinderen dat zij in hun appartement in Rotterdam altijd mooie meubelen hadden. Om de zoveel tijd kreeg Gerrit een seintje en werden deze mooie meubelen opgeslagen in een loods en werden er oude kapotte meubelen in het huis gezet. Kort daarna kregen zij een bezoek van iemand die dan constateerde dat er niets te halen viel. Na diens vertrek werden de mooie meubelen weer teruggezet in het appartement. Volgens Johanna was het een deurwaarder die langs kwam omdat Gerrit nooit belasting wilde betalen. Maar was dat wel zo? Wellicht was het een schuldeiser uit Kampen die zij tot in de jaren '30 probeerden te ontlopen door in Rotterdam te verblijven.

Leuk detail over deze tijd is het feit dat het gezin een schildpad in huis had, waarschijnlijk een Griekse landschildpad. Toen de kleinzoon van Johanna ook schildpadden kreeg vertelde ze hierover, tot grote afschuw van haar kleinzoon, dat Gerrit altijd aan de visite liet zien hoe sterk het schild van een schildpad was door erop te gaan staan. Ze konden de schildpad overigens op zijn plek houden door een schroef in zijn schild met een touwtje eraan. Met dierenwelzijn was men in het vooroorlogse Rotterdam bepaald niet bezig.

De oudste dochter van Gerrit en Elsje, Alida, had geen goede herinneringen aan haar jeugd. Ze moest al op jonge leeftijd werken en haar loon inleveren bij haar vader zodat hij weer een extra borrel kon drinken. Eén keer was ze ongehoorzaam en kocht ze van haar loon op de weg terug naar huis een mooi bloesje dat ze in de etalage had zien hangen. Het resterende geld leverde ze toen in bij haar vader die woest werd en haar er flink van langs gaf.

Johanna vertelde haar kleinkinderen het verhaal dat ze een keer thuis kwam nadat ze door een stel kinderen gepest en geslagen was. Gerrit pakte een stuk hout, gaf dit aan Johanna, en vertelde dat ze terug moest gaan naar die jongens en pas thuis mocht komen als er bloed aan het stuk hout zat.

Deze verhalen staan in schril contrast met de verhalen over hun moeder Elsje Raucamp. Elsje kwam uit een streng gereformeerde familie met vele predikanten in haar stamboom. Ze stamde zelfs af van Sir Anthony Slingsby, een Engelse baronet die gouverneur van Zutphen was geweest en via hem ook van de hoge Engelse adel. Elsje was een verzorgde zachtaardige vrouw, ging altijd naar buiten met een net hoedje en bijpassende handschoentjes, vloekte nooit en was erg gelovig. De relatie tussen Gerrit en Elsje lijkt dan ook onwaarschijnlijk.

Dat de relatie tussen Gerrit en zijn kinderen stroef verliep mag duidelijk zijn. Bekend is dat Johanna op een dag ruzie met hem kreeg en hem daarna nooit meer wilde zien. Uiteindelijk is hij overleden in Deventer. Hoe hij daar terecht is gekomen is onbekend. Elsje bleef in ieder geval in Rotterdam wonen. Toen zij tekenen van dementie begon te vertonen besloot Johanna haar in huis te nemen waar zij de laatste jaren heeft doorgebracht.

Uit dit huwelijk:

1. **Aleida Klasina Kuiper**, 0 jaar, overleden op 27-11-1902 te Kampen;
2. **Gerrit Kuiper**, 0 jaar, overleden op 23-09-1903 te Kampen;
3. **Alida Klasina (Aleida) Kuiper**, geboren op 09-11-1904 te Kampen, overleden op 02-07-1983te Quesnel, Canada. Gehuwd op 25-01-1928 te Alkmaar met **Johannes Wilhelmus (John) Zalm**, glazenwasser, geboren op 26-08-1900 te Amsterdam, overleden op 16-08-1930 om 17:00 uur te Alkmaar. Zoon van **Pierre Manuel Zalm**, glazenwasser, en **Anna Esselman**. Gehuwd (2) met **Jan Ramp**, boomkweker, geboren op 11-02-1880 te Boskoop, overleden op 18-05-1951 te Amsterdam. Zoon van **Jan Ramp** en **Hilletje Koster**. Jan huwde (1) op 15-04-1898 te Boskoop met **Maria Johanna Geers**, geboren in circa 1880 te Waddinxveen. Dochter van

Pieter Geers en **Cornelia Boer**. Aleida huwde (3) in circa 1953 in Quesnel, Canada met **Gustav (Gus) Follack**, geboren op 23-12-1903 te Todranken, Rusland, overleden op 26-11-1993 te Quesnel, Canada;

4. **Johanna Catharina Cornelia Kuiper**, geboren op 28-07-1913 te Rotterdam. Gehuwd op 20-07-1932 te Rotterdam met **Hendrik Wilhelm Lieder**, stoker op de scheepvaart, geboren op 28-07-1902 te Rotterdam, overleden op 06-12-1940 op de Atlantische Oceaan als opvarende van de HMS Stolwijk (akte werd opgemaakt in 1951). Zoon van **Hendrik Wilhelm Lieder**, zeeman, en **Maria Kool**;

5. **Elsje Kuiper**, geboren op 23-03-1915 om 18:00 uur te Rotterdam (Meidoornstraat 29). Gehuwd op 25-10-1933 te Rotterdam met **Dirk van Brakel**, loswerkman, geboren op 20-11-1909 te Rotterdam, overleden op 20-08-1961 te Rotterdam. Zoon van **Cornelis Casper van Brakel** en **Adriaantje Kervezee**. Gescheiden op 11-10-1943 te Rotterdam. Gehuwd (2) met **Dirk Visser**, opperman, geboren op 08-04-1911 te Zwijndrecht, overleden op 03-03-1957 te Rotterdam. Zoon van **Jan Visser** en **Willempje van Driel**. Dirk huwde (1) op 03-02-1932 te Rotterdam met **Geertruida den Ouden**, geboren op 25-09-1911 te Rotterdam. Dochter van **Johannes Zegert den Ouden** en **Maria Willemse**. Gescheiden op 27-09-1943 te Rotterdam;

6. **Cornelis Kuiper**, geboren op 30-09-1918 te Rotterdam, overleden op 25-09-1944 te Groß-beeren (Duitsland). Van het overlijden van Cornelis werd na de Tweede Wereldoorlog op 01-01-1946 een akte opgemaakt. Gehuwd met **Gisela Martha Margot Reimann**.
7. **Johanna (Jo) Kuiper**, geboren op 06-10-1921 te Rotterdam, overleden op 25-08-2014 om 03:15 uur te Rotterdam-Overschie (verzorgingstehuis Stadzicht), begraven op 28-08-2014 te begraafplaats Hofwijk te Rotterdam-Overschie. Gehuwd op 22-11-1939 te Rotterdam met **Philippus Johannes (Flip) Alders**, geboren op 02-08-1917 te Rotterdam, overleden 31-10-1997 te Rotterdam-Overschie om 14:45 uur, begraven op 04-11-1997 te begraafplaats Hofwijk te Rotterdam-Overschie. Zoon van **Theodorus Alders**, sleepersknecht en loswerkman, en **Johanna Catharina van Greuninge**.

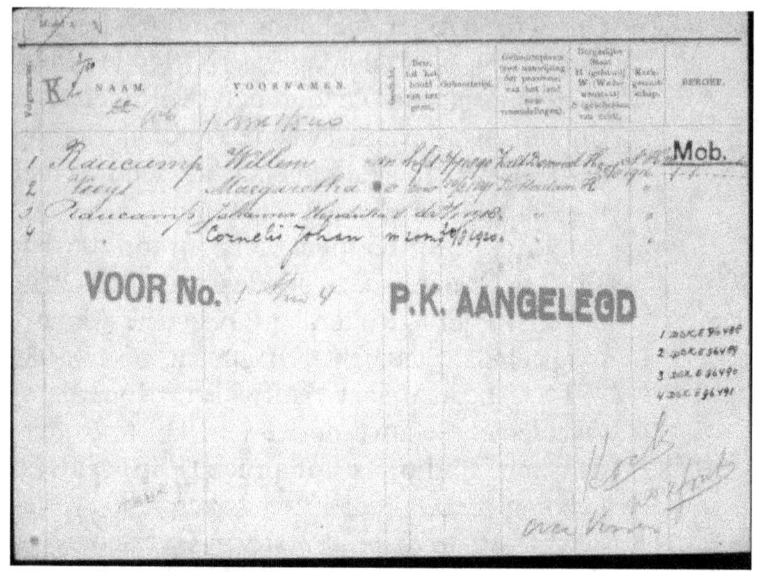

Gezinskaart van Willem Raucamp (zie: 5.3).

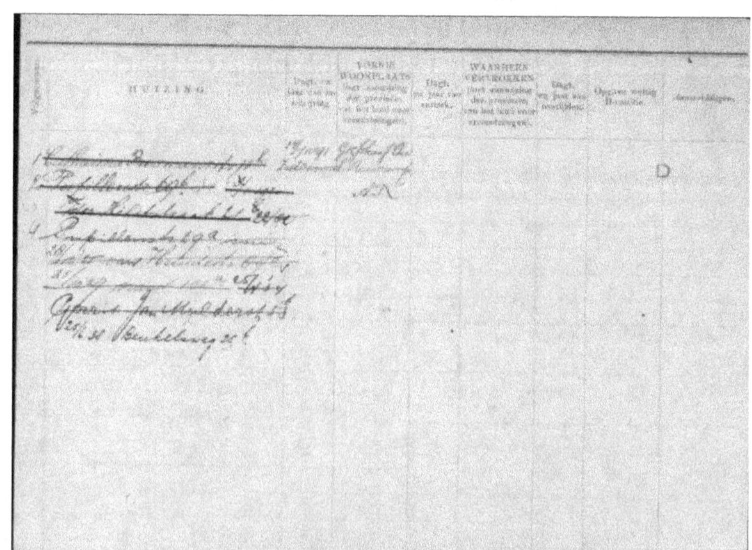

Achterkant gezinskaart Willem Raucamp.

Ondertrouwd:

JACOBUS GERARDUS
REMKES Jr.
en
JOHANNA HENDRIKA
RAUCAMP

Huwelijksbevestiging Donderdag 22 Augustus 1946 11.30 uur
ten Stadhuize.

Kerkelijke Inzegening door
den WelEerwaarden Heer Ds
H. S. J KALF, 's middags 2.30
uur in de Oudekerk, Ael-
brechtskolk

Rotterdam, 8 Augustus 1946.
Crooswijkschesingel 6a.
Beukelsweg 25b.
Receptie: Zondag 11 Aug.
Beukelsweg 25b van 2—4 uur
Toek adres: Bergschelaan
138. Rotterdam.

Huwelijksaankondiging van Johanna Hendrika Raucamp en Jacobus Gerardus Remkes (zie: 5.4).

Met diep leedwezen geven wij kennis van het
overlijden van Mevrouw

S. CIRKEL-RAUCAMP
Echtgenote van onze Directeur P. F. Cirkel

Het gezamenlijk personeel
Neo-Metaal
Maarssen

Maarssen, 1 Januari 1953.

Overlijdensbericht Sohpia Raucamp (zie: 5.7).

Meidoornstraat in het Oude Noorden. Foto uit 1907. Uit de geboorteakte van hun dochter Elsje Kuiper uit 1915 kan worden opgemaakt dat Gerrit en Elsje Kuiper-Raucamp woonden op nr. 29 (zie: 5.11).

De Delftsche Poort in Rotterdam Centrum in 1915.

Elsje Raucamp (zie: 5.11).

6.1   **Grada Raucamp**, geboren op 08-12-1892 te Nijmegen, geboren als Willemsen. Erkend bij huwelijk van de ouders. Dochter van August Johan Gerardus Raucamp en Grada Willemsen (zie: 5.4). Gehuwd (1) op 10-04-1913 te Nijmegen met **Bernardus Hubertus Stegers**, geboren op 14-09-1892 te Westervoort, overleden op 11-03-1919 te Westervoort. Zoon van **Bernardus Stegers** en **Wilhelmina Johanna Berning**. Gehuwd (2) op 15-01-1920 te Nijmegen met **Franciscus Albertus Hattink**, geboren op 20-10-1889 te Apeldoorn, overleden op 01-02-1943 te Nijmegen. Zoon van **Hermanus Albertus Hattink**, papiermaker, en **Maria Theresia Aarnink**.

Bernardus was ten tijde van zijn huwelijk van beroep arbeider, ten tijde van zijn overlijden schipper. Franciscus was van beroep schoenmaker.

Uit het eerste huwelijk:

1. **August Johan Gerardus Stegers**, schoenmaker, geboren in circa 1914. Gehuwd op 25-05-1939 te Nijmegen met **Catharina Maria Theunissen**, geboren in circa 1917. Dochter van **Gerardus Johannes Theunissen**, voeger, en **Anna Maria Geveling**;
2. **Wilhelmina Johanna Stegers**, geboren in circa 1915. Gehuwd op 22-07-1936 te Ubbergen met **Hendrikus Lambertus Jansen**, rijksveldwachter, geboren op 03-09-

1902 te Bemmel. Zoon van **Johannes
Hendrikus Jansen**, timmerman, en **Elisabeth
Petronella Maria Muhl**;

3. **Bernardus Hubertus Stegers**, smid, geboren
in circa 1918. Gehuwd op 24-09-1941 te
Ubbergen met **Franziska Johanna van
Steen**, geboren in circa 1919. Dochter van
Segerius van Steen, schipper, en **Johanna
Geertruida Maria Gijsberts**.

6.2   **Petronella Christina Raucamp**, geboren op 29-
03-1894 te Nijmegen. Dochter van August Johan
Gerardus Raucamp en Grada Willemsen (zie:
5.4). Gehuwd op 25-05-1916 te Nijmegen met
Johannes Jacobus Peeters, geboren op 28-11-
1890 te Lent (Nijmegen). Zoon van **Gradus
Peeters**, voerman, en **Maria Hakkenberg**.

Johannes was van beroep huisschilder.

Uit dit huwelijk:

1. **Gerardus Franciscus Peeters**, schilder,
geboren in circa 1918. Gehuwd op 20-04-
1919 te Nijmegen met **Catharina Smits**,
fabrieksarbeidster, geboren in circa 1920.
Dochter van **Wilhelmus Smits**, oppasser, en
Elizabeth Geurts;
2. **Joseph Gerarda Maria Peeters**, geboren in
circa 03-1933, overleden op 11-04-1933 te
Nijmegen.

Geraadpleegde bronnen

Begraafplaats Hofwijk, Rotterdam.

Centraal Bureau voor Genealogie.

BHIC.

Erfgoed Leiden en Omstreken.

Familieadvertenties CBG.

Familiearchief van de familie Alders.

Familiearchief van de familie Roeling.

Familienbuch der evangelisch reformierten Gemeinde Remagen (1686) 1787-1896, Hentschel, Gerhard / Geschäftsstelle der WGfF, Köln-Widdersdorf, 2005.

Gelders archief.

Gemeentearchief Amsterdam.

Gemeentearchief Rotterdam.

Gemeentearchief Schiedam.

Genealogie van Stamvader Gerrit Lam, Jan, Tineke en Tobias Kroon, 2021.

Genealogie Voswinkel, De Kruijff en aanverwante families, Iris Voswinkel, 2021.

Haags Gemeentearchief.

Heemkronyk jaar:1981, jaargang:20, nr.3 en 4, blz.124-144.

Heemkundekring 'De Heerlijkheid Heeze-Leende-Zesgehuchten'

Het Archief Eemland.

Het Utrechts Archief.

Historisch centrum Overijssel.

Kronijk, of Aantekening der merkwaardige voorvallen binnen de gemeente Heeze en eenige omliggende dorpen en enkelde welken algemene belangstelling verdienen, Hendricus van Moorsel, 1953.

Kwartierstaat Jeanne Marie Louise van der Voort (1912-na1975), H.J.Michiel Wijers, februari 2020.

Kwartierstaat van Hendrik van Greuningen, Frank J. Coster, 2009.

Nederlandse familienamen databank, Meertens Instituut, 2010.

Nederlandse voornamen databank, Meertens Instituut, 2010.

Noord-Hollands archief.

www.oud-rotterdam.nl

Persoonlijke correspondentie met leden van de familie Alders.

Regionaal Historisch Centrum Eindhoven.

Regionaal Historisch Centrum Limburg

Stadsarchief Amsterdam

Stamboom Dulleman, Ton Deunhouwer, 2021

Stamboom Goossens x Van der Heijden, M. Goossens, 2021.

Uit de archiefkist: De Heezer Predikanten van 1648 tot 1817. C.S. Smit.

WieWasWie, wiewaswie.nl, 2020.